AF268070

LES BONAPARTE

ET

LES FRONTIÈRES DE LA FRANCE

PAR

FÉLIX OGER.

PARIS

GERMER-BAILLIERE, LIBRAIRE-ÉDITEUR

17, RUE DE L'ÉCOLE-DE-MÉDECINE, 17

—

1872

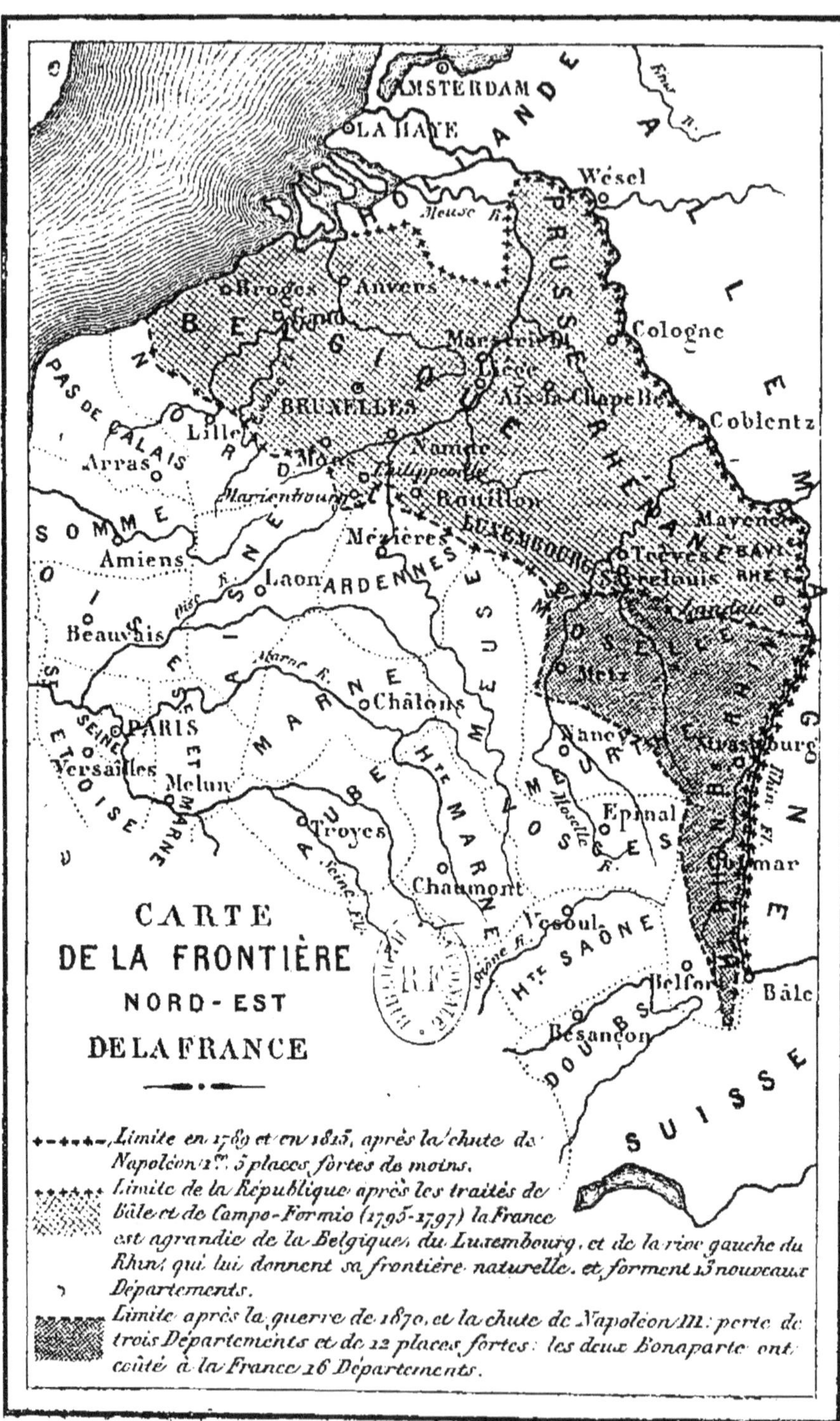

CARTE
DE LA FRONTIÈRE
NORD-EST
DE LA FRANCE

Gravé par Erhard.

LES BONAPARTE

ET

LES FRONTIÈRES DE LA FRANCE

INTRODUCTION

Moralité des coups d'État. — Les deux Bonaparte ont laissé
la France moins grande qu'ils ne l'ont prise.

Les Bonaparte ont inscrit dans notre histoire deux
dates néfastes : 1814-1815, 1870-1871. Ces dates
veulent dire : INVASION, DÉMEMBREMENT. Elles ont
encore une autre signification : fatalement liées à
deux autres dates, le 18 brumaire et le 2 décembre,
elles veulent dire aussi : EXPIATION. Telle est la loi
inexorable de l'histoire. Les peuples sont toujours
complices et victimes des attentats qu'ils laissent
commettre contre eux-mêmes. Les défaillances, qui
leur font tolérer et amnistier la violation du Droit,
préparent leur déchéance. En se montrant indiffé-

rents à défendre leur liberté, ils deviennent impuissants à défendre leur indépendance.

Dans l'espace d'un demi-siècle, la France a fait deux fois cette douloureuse expérience, et à chacune de ces dates est attaché le nom d'un Bonaparte. Le premier l'avait prise grande et redoutée, s'appuyant au Rhin, aux Alpes, aux Pyrénées, et prolongeant sa côte nord-ouest jusqu'aux bouches de l'Escaut. C'étaient les frontières que la République lui avait données, non en se faisant agressive et conquérante, mais en défendant victorieusement ses principes et le territoire contre les coalitions monarchiques qu'elle n'avait pas provoquées.

Telle était la France, non pas seulement en 1799, alors que Bonaparte, après ses brillantes campagnes d'Italie et d'Égypte, s'empara du pouvoir par le coup de force de brumaire, mais dès 1795, c'est-à-dire dans la dernière année de la Convention, lorsque Bonaparte, mis en non-activité à la suite du 9 thermidor, comme « l'homme » des deux Robespierre, attendait encore un grand champ de bataille pour déployer son génie militaire. Cette France, qu'il a prise si grande, en quel état l'a-t-il laissée ? A sa chute, elle ne fut pas seulement dépossédée des conquêtes légitimes de la Révolution, qui avait recouvré notre vieux sol gaulois, mais rejetée en deçà des limites que lui avait données la politique persévérante de l'ancienne royauté, avec ses frontières ébréchées, resserrées de toutes parts et surveillées par des États formés ou agrandis à nos dépens. Voilà ce qu'avaient coûté quinze années de despotisme militaire.

La France se releva rapidement. Elle se trouva bientôt assez forte pour imposer à l'Europe monarchique le respect des deux révolutions, par lesquelles elle rentra en pleine possession d'elle-même et détruisit, à l'intérieur, l'œuvre des traités de 1815. Si, de 1815 à 1848, elle se renferma dans les limites qu'ils lui avaient tracées, Paris fortifié en 1840, avec ses deux formidables avant-postes de Metz et de Strasbourg, pouvait lui faire défier toute agression extérieure.

Il était réservé à un autre Bonaparte, après avoir joué la tragi-comédie du second empire, d'attirer sur notre patrie des désastres plus terribles que ceux sous lesquels s'est écroulé le premier, de perdre, dans une guerre follement engagée et misérablement conduite, Strasbourg avec l'Alsace, Metz avec une partie de la Lorraine, et de laisser la France démantelée avec Paris pour place frontière.

Du simple exposé qui précède ressort ce fait : l'ancienne royauté avait donné à la France de bonnes frontières militaires ; la République lui a donné ses limites naturelles ; le premier empire lui a fait perdre ses limites naturelles, le second lui a fait perdre sa vieille frontière militaire. L'un a détruit l'œuvre nationale de la République ; l'autre a détruit l'œuvre séculaire de la royauté. Tous deux, tombés à la suite de désastres dont l'histoire d'aucun peuple n'offre d'exemple, ont laissé la France moins grande qu'elle n'était à leur avénement.

C'est ce fait que nous allons essayer de mettre dans toute son évidence, en retraçant rapidement l'histoire de la constitution territoriale de notre pays et de la formation de ses frontières.

I

Les frontières naturelles de la France.

Trois mers, deux hautes chaînes de montagnes et
un grand fleuve, telles sont les limites naturelles de
la région française. Au nord-ouest elle est baignée
par la mer du Nord et par la Manche, à l'ouest
par l'océan Atlantique, au midi par la Méditerranée ;
au sud-ouest et au sud-est les Pyrénées et les Alpes
sont ses boulevards du côté de l'Espagne et de l'I-
talie ; à l'est le Rhin lui forme une ligne de défense
contre l'Allemagne. Cette heureuse situation faisait
dire à un géographe ancien : « Une main providen-
tielle semble avoir élevé ces chaînes de montagnes,
rapproché ces mers et tracé le cours de ces fleuves
pour faire un jour de la Gaule le lieu le plus floris-
sant de la terre. »

II

La Gaule celtique et la Gaule romaine.

C'étaient là les limites de la Gaule celtique et de
la Gaule romaine. Pour fortifier encore la ligne du

Rhin, les Romains avaient bâti Strasbourg, Mayence, Coblentz, Cologne. La position de ces villes sur la rive gauche du fleuve indique assez qu'elles furent élevées pour couvrir la Gaule contre les Germains. En effet, les incursions des Barbares d'outre-Rhin étaient fréquentes. Les Romains, dégradés par le césarisme, furent bientôt impuissants à défendre les frontières que les légions de la République avaient conquises. Les empereurs durent en confier la garde aux peuples mêmes qui les menaçaient, et qu'ils ne savaient plus vaincre. C'est ainsi que des bandes germaniques, sous le nom de colons, furent établies sur la rive gauche du Rhin. Telle est la première origine de la population allemande qui habite aujourd'hui cette partie de l'ancienne Gaule. Le Rhin cessa de séparer « deux mondes ».

III

La Gaule franque sous les Mérovingiens et les Carlovingiens jusqu'au traité de Verdun (843).

La domination des Francs sous les Mérovingiens s'étendit des deux côtés du fleuve. Charlemagne l'imposa à toute la Germanie, à la haute Italie et à la partie nord-est de l'Espagne. La Gaule ne fut plus alors que le centre d'un vaste empire, moitié romain, moitié germanique, composé d'éléments disparates, œuvre factice et éphémère, que devait renouveler, au commencement de notre siècle, avec des conséquences plus désastreuses encore pour notre pays, celui qu'on a appelé le Charlemagne moderne.

Dès le milieu du neuvième siècle, l'empire carlovingien s'écroula sous l'effort des peuples, impatients de se grouper suivant leur nationalité. La FRANCE fut un des États nés de ce démembrement. Mais elle n'avait plus les limites de l'ancienne Gaule. Elle était bornée à l'est par le Rhône, la Saône, la Meuse et l'Escaut. La partie qui s'étend jusqu'aux Alpes et au Rhin devait flotter pendant des siècles, dans des conditions et sous des noms divers, entre la France et l'Allemagne.

IV

La France féodale.

La France, ainsi écartée de sa frontière naturelle de l'est, ne garda même pas, dans les limites étroites où elle était resserrée, l'unité de territoire et de gouvernement. Elle se démembra en une foule de principautés féodales et forma une fédération aristocratique dont les chefs exerçaient une souveraineté à peu près indépendante sur leurs terres. La royauté capétienne, issue elle-même de cette aristocratie, ne possédait en propre qu'un petit domaine entre la

Somme et la Loire, avec Paris au centre. Tel fut le premier noyau de l'unité territoriale de la France. C'est autour de ce centre qu'elle se forma par un travail lent et pénible qui dura autant que l'ancienne monarchie.

V

Progrès de la formation territoriale et de la nationalité française sous les Capétiens directs : l'affranchissement du peuple par la révolution communale du douzième siècle donne à la royauté une armée nationale contre l'aristocratie et contre l'étranger, avec qui les barons féodaux font cause commune.

Dans cette œuvre nationale que la royauté dut poursuivre contre l'aristocratie en possession du territoire, elle eut pour auxiliaire le peuple. Jusqu'au douzième siècle il n'y eut pas de peuple et, par suite, la royauté fut réduite à l'impuissance. Les habitants des villes, marchands ou artisans, étaient sujets des seigneurs ; ceux des campagnes étaient serfs, attachés à a glèbe. Au douzième siècle s'accomplit une grande révolution : les populations urbaines secouèrent le joug féodal, elles s'affranchirent de la tyrannie des barons et se constituèrent en communes, c'est-à-dire fondèrent leurs libertés municipales. Dès lors elles ne relevèrent plus que du roi, et celui-ci, qui avait intérêt à les protéger, trouva en elles des milices dévouées. C'est avec ces milices que Louis VI fit reculer l'empereur d'Allemagne Henri V dans les plaines de la Champagne, et que Philippe-Auguste en battit un autre, Othon IV, à Bouvines. C'est le premier éveil de la nationalité française. Elle se constitua par l'alliance de la royauté et du peuple contre l'aristocratie, et contre l'étranger avec qui celle-ci se liguait le plus souvent, au nord-est avec l'Allemagne, à l'ouest avec l'Angleterre dont les rois, depuis la conquête de ce pays par Guillaume le Bâtard, duc de Normandie, avaient acquis toutes nos provinces maritimes de l'ouest. Au commencement du quatorzième siècle, l'ancienne aristocratie féodale était en grande partie éteinte, et les Anglais ne conservaient que la Guyenne. La France avait alors pour limites au nord l'Escaut, à l'ouest la Manche et l'Océan, au sud la Méditerranée et les Pyrénées, à l'est le Rhône, la Saône et la Meuse.

V I

L'ineptie des premiers Valois arrête le progrès national : guerre de cent ans et nouvelle aristocratie territoriale; Jeanne d'Arc et Louis XI.

Il avait fallu aux Capétiens directs plus de deux siècles de luttes continuelles et de politique persévérante pour atteindre ces résultats ; en moins d'un demi-siècle l'ineptie des premiers Valois avait détruit leur ouvrage. Ces rois féodaux, qui ne rêvaient que chevalerie, entendaient et faisaient la guerre comme les fantastiques paladins de Charlemagne, dans un temps où l'emploi des armes à feu commençait à transformer l'art militaire. C'est l'époque de la désastreuse guerre de cent ans. Et comme s'il n'avait pas suffi de livrer aux Anglais une partie du royaume, le roi Jean acheva de le démembrer en distribuant les provinces acquises par ses prédécesseurs aux nombreux cadets de la famille royale pour leur créer des établissements dignes de leur rang. Il se forma ainsi une nouvelle aristocratie territoriale, celle des princes du sang. Les rivalités de ces princes mêlèrent, sous le règne du roi fou Charles VI, les horreurs de la guerre civile aux désastres de la guerre anglaise. Jeanne d'Arc arracha la France de cet abîme. La fille du peuple réveilla le sentiment national. Les Anglais furent chassés (1428-1453). Mais il fallut un siècle encore pour recouvrer le territoire sur cette féodalité fleurdelisée si impolitiquement créée par les Valois. Louis XI passa les vingt-deux années de son règne à la combattre : il lui porta des coups dont elle ne se releva pas.

VII

Lutte contre la maison d'Autriche : acquisition de Metz, Toul et Verdun.

Pendant ce siècle deux grands événements se produisirent qui exercèrent une influence considérable

sur la formation territoriale de notre pays : l'éléva-
tion de la maison d'Autriche et la Réforme protestante. La puissance de Charles-Quint menaçait
l'Europe d'une monarchie universelle ; mais, en bri-
sant l'unité religieuse de l'Europe, Luther ôta sa
seule base à l'unité politique que rêvait l'ambition
autrichienne. Charles-Quint et Philippe II le com-
prirent bien en se faisant les champions du catholicisme. Leur politique traçait à la France la sienne.
Serrée de toutes parts entre les possessions de sa nouvelle rivale, qui pesait partout sur ses frontières et
partout les entamait, au nord par les Pays-Bas, à
l'est par l'Allemagne, au sud par l'Espagne, la
France ne pouvait se dégager de cette étreinte qu'en
saisissant d'une main ferme le drapeau de l'indépendance politique et de la liberté religieuse des
peuples. Elle n'hésita pas. François Ier sut affranchir
sa politique de toute influence religieuse pour ne
s'inspirer que de l'intérêt national, et l'on vit ce
spectacle nouveau d'un roi Très-Chrétien faisant
alliance à la fois avec le souverain schismatique
d'Angleterre, avec la ligue hérétique de Smalkalde et
avec le sultan des Infidèles. Henri II continua cette
hardie et salutaire politique. Elle eut pour résultat
non-seulement de sauver l'intégrité de notre territoire dans une lutte inégale, mais de nous rendre
Calais, cette porte restée ouverte aux Anglais sur
notre sol, et de nous donner trois places sur la
Meuse et la Moselle, Verdun, Toul et Metz, cette

ville si française, devenue notre meilleur boulevard
et qu'on n'a jamais pu nous prendre depuis plus de
trois siècles, jusqu'au règne néfaste de Napoléon III (1552-1870).

VIII

Les guerres de religion, sous les derniers Valois, arrêtent l'œuvre
de la constitution territoriale. Elle est reprise par Henri IV, Richelieu et Mazarin ; réunion de l'Alsace, de l'Artois et du Roussillon ;
occupation de la Lorraine.

Mais les derniers Valois devaient être aussi funestes à la France que les premiers. Les guerres de
religion, qu'ils ne surent pas conjurer, arrêtèrent
pendant un demi-siècle l'œuvre de la constitution
territoriale de notre pays, pour le couvrir de ruines
et de sang. Elle fut reprise par Henri IV, vaillant
soldat et grand politique. La maison d'Autriche était
toujours prépondérante. Elle était divisée alors en
deux branches, dont l'une régnait en Allemagne,
l'autre en Espagne et sur une grande partie de l'Italie et des Pays-Bas ; mais ces deux branches étaient
étroitement unies, et elles poursuivirent de concert,
pendant la première moitié du dix-septième siècle,
le but manqué par Charles-Quint au siècle précé-
dent. L'ancien huguenot, qui s'était fait catholique
parce que Paris, disait-il, vaut bien une messe, ne
pouvait être arrêté par des scrupules religieux. Contre la maison d'Autriche il renoua nos anciennes

alliances protestantes. Par-delà la Belgique, province espagnole, il tendit la main à la république hollandaise ; par-delà le Pas-de-Calais, à la reine d'Angleterre Élisabeth ; par-delà le Rhin, à l'Union évangélique d'Allemagne. Une lutte générale, décisive, dont le succès ne semblait pas douteux, allait s'engager, lorsque le poignard d'un fanatique arrêta l'exécution du *grand projet.*

Deux princes de l'Église, deux cardinaux, Richelieu et Mazarin, se firent les continuateurs de Henri IV, l'un sous le règne de Louis XIII, l'autre pendant la minorité de Louis XIV. Trois provinces, l'Alsace, l'Artois et le Roussillon, furent le prix de cette grande politique nationale. La France touchait au Rhin et aux Pyrénées, ses vieilles frontières gauloises. Restait à les compléter au nord et à l'est, où l'Espagne demeurait en possession des Flandres et de la Franche-Comté, et où la Lorraine était occupée sans être définitivement incorporée [1], enfin au sud-est, où le versant français des Alpes appartenait encore à la maison de Savoie.

[1] Le duché de Lorraine, occupé en 1633 et rendu à la paix de Ryswick, en 1697, ne pouvait échapper à l'unité française, serré comme il était entre l'Alsace et la Champagne ; il fut réuni définitivement en 1766.

IX

Louis XIV. — Dernières acquisitions territoriales : Flandre, Franche-Comté, Strasbourg. — Funestes résultats de la politique personnelle.

Louis XIV marcha d'abord dans la voie tracée par Henri IV, Richelieu et Mazarin. Ses premières guerres donnèrent à la France la Flandre et la Franche-Comté. L'acquisition de Strasbourg compléta et couvrit l'Alsace (1681). Mais, infatué de sa royauté de droit divin, il substitua sa politique personnelle, monarchique et catholique, à la politique nationale qui s'était si heureusement dégagée de toute considération de forme de gouvernement et de religion. Prenant à son tour, après le fanatique et despotique Philippe II, le rôle de champion du catholicisme et de la monarchie absolue, il entreprit d'anéantir la république hollandaise, boulevard du protestantisme et refuge de la libre pensée, révoqua l'édit de Nantes, par lequel Henri IV avait garanti la tolérance religieuse aux calvinistes, et tenta de restaurer les Stuarts que venait de renverser la révolution à laquelle l'Angleterre doit ses libertés constitutionnelles. C'était la politique espagnole du seizième siècle transportée en France. Les suites ne furent pas moins désastreuses. La France dépeuplée de cinquante mille familles laborieuses, nos alliances traditionnelles rompues, l'Angleterre et la Hollande, naguère rivales, maintenant étroitement unies contre nous, enfin l'Allemagne protestante rejetée du côté de l'Autriche, tels furent les résultats immédiats de la politique personnelle du *grand roi*.

Au souvenir des derniers événements, comment ne pas se rappeler aussi que c'est à ces mêmes fautes que la Prusse doit ses premiers progrès? Son souverain, qui n'était encore qu'électeur de Brandebourg, régnait sur des contrées pauvres, mal peuplées, mal cultivées, sans manufactures, sans commerce. Il ouvrit avec empressement ses États à nos réfugiés calvinistes, qui y introduisirent l'industrie et les arts de la France [1]. Ce que cette hospitalité valut à la Prusse, un mot de Frédéric le Grand en peut donner une idée. Un ambassadeur de Louis XV lui demanda un jour ce que son gouvernement pourrait faire pour lui être agréable : « Une seconde révocation de l'édit de Nantes, » répondit le roi. Louis XIV contribua encore autrement à la grandeur future du nouvel État. C'est à l'occasion de sa dernière guerre, entreprise pour placer son petit-fils sur le trône

---

[1] « Louis XIV révoqua l'édit de Nantes, et quatre cent mille Français sortirent pour le moins de ce royaume ; les plus riches passèrent en Angleterre ; les plus pauvres, mais les plus industrieux, se réfugièrent dans le Brandebourg, au nombre de vingt mille ou environ ; ils aidèrent à repeupler nos villes désertes, et nous donnèrent les manufactures qui nous manquaient. » (*Mémoires de Frédéric le Grand.*)

d'Espagne, que l'électeur de Brandebourg fut élevé à la royauté. Ainsi nos fautes firent les destinées de la Prusse. Par Louis XIV elle devint un royaume ; par Napoléon III elle devint un empire.

X

Les frontières militaires de la France. — Travaux de Vauban.

Le rapprochement de ces noms n'est pas une comparaison. Les fautes du roi, qui a donné à la France deux provinces avec Strasbourg, ne peuvent être mises en parallèle avec les aventures de l'imbécile césar qui nous a fait perdre, avec deux provinces, notre grand boulevard de l'est.

Mais ce qui protége surtout la mémoire de Louis XIV contre une pareille injure, c'est l'admirable système de défenses dont il a armé nos frontières, aujourd'hui démantelées. On ne peut se faire une idée exacte de l'immensité du désastre qui a été « le couronnement du second empire », qu'en se représentant l'ancien réseau de nos places fortes, ouvrage de Vauban, ce grand *patriote*, comme l'appelle le duc de Saint-Simon, qui a créé pour lui ce mot, le plus beau de notre langue.

On sait que notre frontière du nord-est s'étendait de Dunkerque à Huningue. Sauf l'espace couvert par le Rhin, entre l'Alsace et le grand-duché de Bade, elle était tout entière artificielle. Aucun obstacle naturel ne la protégeait, et les différents cours d'eau qui la traversent ouvraient autant de routes pour pénétrer au cœur de la France. La partie comprise entre l'Escaut et le Rhin, la plus vulnérable, était coupée à l'ouest des Ardennes par la Meuse, à l'ouest des Vosges par la Moselle. Ces bassins ne sont séparés que par des hauteurs insignifiantes de celui de la Seine, au milieu duquel est Paris. La partie septentrionale de ce dernier bassin, celle qui touche à la frontière, se compose des vallées de l'Oise, de la Marne et de la Seine, qui convergent sur la capitale. L'entrée de la vallée de l'Oise, qui a son origine sur la frontière, n'était couverte que par les dernières hauteurs des Ardennes occidentales. La vallée de la Marne, plus centrale, pouvait être abordée vers Vitry ou Châlons, soit par l'espace entre la Meuse et la Moselle, où l'on ne trouve que de faibles obstacles, tels que les collines boisées de l'Argonne, soit par une grande ouverture entre la Moselle et les Vosges, qui n'était protégée que sur ses flancs, d'un côté par les places situées sur la rivière, de l'autre par celles qui s'appuient à la chaîne de montagnes et en gardent les cols. Enfin la vallée de la Seine, qui prend naissance plus au sud, était accessible par une large dépression du terrain entre le Jura et les Vosges, qu'on appelle *trouée de Béfort*. Le cours supérieur de la Saône et le plateau de Langres étaient de ce côté les seuls obstacles.

Sur tous ces points Vauban suppléa au défaut des

défenses naturelles par un ensemble de travaux où la science de l'ingénieur parut s'inspirer du patriotisme du citoyen. L'entrée de la vallée de l'Oise, qui descend droit sur Paris, fut partout fermée, à droite, par quatre places sur l'Escaut : Condé, Valenciennes, Bouchain et Cambrai ; par une place dans l'espace ouvert entre l'Escaut et la Sambre : le Quesnoy ; enfin par deux places sur la Sambre : Maubeuge et Landrecies ; au centre, par quatre places entre la Sambre et la Meuse : Philippeville, Mariênbourg, Avesne et Rocroi ; à gauche, par trois places sur la Meuse : Givet avec Charlemont, Mézières et Sedan. L'ouverture entre la Meuse et la Moselle, gardée par Longwy, Montmédy et Verdun, qui couvrent les défilés de l'Argonne, fut plus efficacement fermée par Luxembourg, un des plus beaux ouvrages de Vauban, rendu à la paix de Ryswick. L'espace entre la Moselle et les Vosges fut fermé par Sarrelouis. Au centre s'élevait l'imposante forteresse de Metz, couverte en avant par Thionville et Sierck, et flanquée à gauche par Bitche et Phalsbourg, deux héroïques petites places qui viennent de prouver de nouveau leur solidité et leur patriotisme. Enfin la ligne du Rhin, rendue inabordable de front par Strasbourg, son grand boulevard, par Neuf-Brisach et Fort-Louis, fut renforcée à ses deux extrémités, où elle pouvait être tournée, au nord par Landau et Lauterbourg, qui gardèrent l'espace entre les Vosges et le fleuve, au sud par Huningue, dont le canon, battant le pont de Bâle, rendait cette porte de la France et la trouée de Béfort inaccessibles. C'est dans cette petite place qu'en 1815, une garnison de 135 hommes, investie par 25,000 Allemands et bombardée par cent trente bouches à feu, tenait encore, après douze jours de tranchée ouverte, quand l'empire était tombé.

Tel est, sur notre frontière du nord-est, aujourd'hui ouverte par une si terrible brèche, l'admirable réseau des ouvrages de Vauban, réseau dont les mailles étaient si fortement serrées que, jusqu'aux Bonaparte, il n'a pu être entamé dans aucune des guerres où la France eut à défendre son territoire, ni en 1712, ni en 1793, ni en 1794, et qu'en 1814, au seul aspect de cette imposante frontière militaire, les têtes de colonnes de l'invasion s'arrêtèrent hésitantes et inquiètes : les alliés ne se portèrent en avant que lorsqu'ils furent bien assurés que derrière nos remparts il n'y avait plus que les lambeaux de la grande armée et le cadavre de la grande nation.

XI

Rôle historique de l'ancienne monarchie; sa décadence.

L'ancienne monarchie a, dans notre histoire, deux grands titres : elle a constitué l'unité territoriale de la France en absorbant peu à peu dans son domaine originaire, devenu domaine de la couronne, toutes les principautés féodales, et elle a formé nos frontières militaires, en recouvrant une partie des contrées séparées de l'ancienne Gaule. Cette œuvre terminée, son rôle était fini. Sa décadence date du règne même de Louis XIV, sous qui elle parvient à son apogée avec ses dernières conquêtes territoriales [1]. La France, une fois que ses membres, longtemps épars, se furent rejoints, s'est sentie assez forte pour sortir de tutelle et diriger elle-même ses destinées. La monarchie, devenue absolue au dix-septième siècle, avait d'ailleurs usé tous ses ressorts en les tendant à l'excès. Au dix-huitième siècle la nation revendiqua d'abord ses droits par la voix de ses grands penseurs, puis les conquit de haute lutte.

XII

La Révolution et la coalition monarchique. — Conquête des limites naturelles de la France (1792-1795).

La Révolution, fille de la philosophie, dut à cette origine un caractère de généralité par lequel elle devait remuer les peuples, et, par suite, troubler les rois. La peur des idées françaises leur fit oublier leurs rivalités traditionnelles. Ils se coalisèrent pour étouffer la Révolution dans son foyer. Elle sortit triomphante de cette lutte gigantesque. La Savoie,

---

[1] Le duché de Lorraine, occupé en 1633 et rendu à la paix de Ryswick, en 1697, ne fut définitivement réuni qu'en 1766.

le comté de Nice, la Belgique et la rive gauche du Rhin furent conquis. La Prusse, rejetée de l'autre côté du grand fleuve, et l'Espagne, derrière les Pyrénées, demandèrent la paix. Ainsi, d'un irrésistible élan national, la Révolution, attaquée, courut à nos vieilles frontières gauloises et les reconquit.

Le général Bonaparte n'était guère connu encore que pour avoir chassé les Anglais de Toulon, que les royalistes leur avaient livré. Le Directoire, qu'il devait renverser, l'appela au commandement de l'armée d'Italie. Par la campagne de 1796, son chef-d'œuvre, il acheva de rompre la coalition continentale. Mais la paix de Campo-Formio, amenée par ses victoires, n'ajouta pas un pouce de terrain aux conquêtes de la Convention et leur donna seulement une sanction diplomatique.

De la gloire, voilà donc jusqu'à présent ce que l'épée de Bonaparte a procuré à la France. On en peut dire autant pour l'expédition d'Égypte. Du moins cette gloire était pure. Elle avait été conquise sous le drapeau de la liberté.

La situation de la France appelait-elle un sauveur? Une deuxième coalition s'était formée, il est vrai, vers la fin de 1798, et nous avions perdu l'Italie. Mais nos nouvelles frontières des Alpes et du Rhin étaient intactes, et la belle victoire de Masséna à Zurich avait conservé aux armes de la République leur prestige, en même temps qu'elle avait en partie dissous la coalition en déterminant la défection de la Russie.

Ainsi, lorsque Bonaparte abandonna son armée
en Égypte pour venir mettre une main sacrilége sur
la constitution et s'emparer du pouvoir, la France
était en possession de toutes les conquêtes territoriales de la Révolution : ELLE AVAIT PARTOUT SES FRON-
TIÈRES NATURELLES.

XIII

Le 18 brumaire ouvre la période des guerres offensives. — Frontières fantastiques de l'empire. — Destruction des éléments de
puissance créés par la Révolution.

La journée du 18 brumaire marque le point de
départ d'une politique nouvelle. Jusqu'alors la
France avait combattu pour la liberté ; désormais
elle combat pour la domination : la République
n'avait fait que des guerres défensives ; l'empire ne fit que des guerres offensives , jusqu'au
jour où, s'affaissant sous ses propres excès et recu-
lant devant l'Europe en armes derrière le Rhin, les
Alpes et les Pyrénées, il fut réduit à défendre les ap-
proches mêmes de Paris.

L'empire avait trouvé d'incomparables éléments
de force créés par la Révolution : des frontières
inattaquables ; derrière ces frontières, une armée
aguerrie par dix années de combats de géants et une
nation régénérée par la liberté. Qu'en a-t-il fait ?

Les frontières ? Il les a successivement portées sur

le Tessin, au-delà du Tibre et de l'Adriatique, au Texel et sur l'Elbe, faisant de Turin, de Rome, d'Amsterdam et de Hambourg des chefs-lieux de départements français. Au-delà et tout autour de ces frontières fantastiques s'élevaient les royautés vassales, les grands-duchés, les duchés, les principautés, appuis dynastiques et cortége aristocratique du trône impérial. C'étaient les couronnes de Naples, de Hollande, d'Espagne, de Westphalie avec lesquelles on fit un sort aux nombreux et besoigneux cadets de la famille Bonaparte, qu'on jugea propres au rôle de rois fainéants. C'étaient les fiefs de Ponte-Corvo, de Bénévent, d'Otrante et autres lieux, créés pour titrer et doter les Bernadotte, les Talleyrand, les Fouché, ces traîtres de la dernière heure, comme le despotisme en nourrit toujours pour son châtiment. On appelait cela le *grand empire*. C'était vers 1811. En 1815, le grand empire, œuvre violente et factice, était par terre, et la France, refoulée sur elle-même, ne retrouvait plus ses anciennes frontières.

L'armée ? Après avoir fait couler son sang à flots sur vingt champs de bataille, il alla ensevelir ce qu'il en restait dans les neiges de la Russie. En 1813, lorsque l'Europe tout entière se levait frémissante, il fallut saigner la France jusqu'au blanc et lui arracher ses derniers enfants pour arrêter le flot montant de l'invasion qui s'avançait. Nos « jeunes » soldats furent admirables d'élan à Lutzen, à Bautzen, à Leipzig et dans les plaines de la Champagne ; mais, en tombant aux barrières de Paris sous les masses des alliés, ils pouvaient s'écrier avec la douleur du courage vaincu par le nombre : « Ils sont trop ! » La France n'avait plus d'armée.

La nation ? Elle n'était pas seulement haletante, épuisée ; son énergie morale n'était pas moins atteinte que ses forces matérielles. Qu'elle avait été grande aux jours de la lutte contre le vieux monde, alors que sa tribune retentissait plus loin encore que son canon ! C'est qu'elle avait alors, dans toute leur ferveur, la foi dans le droit et l'enthousiasme de la liberté. L'usurpation triomphante du 18 brumaire, suivie de quinze années de despotisme, fit douter du droit et de la liberté. Les âmes qui échappèrent à la corruption furent envahies par le découragement. Tous les ressorts parurent brisés, et les revenants de l'ancien régime purent croire tout possible, même la restauration du passé.

XIV

Les traités de 1815. — La France perd les conquêtes de la République et son ancienne frontière militaire est ébréchée.

Les traités de 1815 ne resserrèrent pas seulement la France dans ses limites de 1789 ; son ancien territoire fut entamé, dépossédé des places fortes qui, de Dunkerque à Huningue, couvraient les routes qui mènent à Paris. Marienbourg, Philippeville, Bouillon, Sarrelouis et Landau, places étroitement liées à notre système de défenses, nous furent enlevés, Huningue démantelé. C'étaient autant de brèches pratiquées dans la plus vulnérable de nos frontières ; c'étaient les vallées de l'Oise, de la Meuse, de la Saône toutes grandes ouvertes, les lignes du Rhin et des Vosges tournées, et pour ainsi dire les clefs de la France dans les mains de l'étranger. Et ces places furent données à des États créés ou agrandis à nos dépens, véritables sentinelles qui poussaient leurs avant-postes, jadis nos remparts, au cœur de notre territoire.

Napoléon III avait bien raison de détester les traités de 1815 [1]. Ces traités seront l'éternelle condamnation du premier empire. La France a vu et elle n'oubliera pas comment le héros de Sedan en releva sa dynastie.

XV

La France se relève. — Conquête de l'Algérie et fortification de Paris. — Situation extérieure après la révolution de 1848.

Les quarante années de paix qui suivirent la chute du premier Bonaparte ne furent pas perdues pour la France. La conquête de l'Algérie, en même temps qu'elle lui donna une magnifique colonie, lui refit

---

[1] « Vous détestez, comme moi, les traités de 1815. » (Discours d'Auxerre.)

une armée aguerrie. La dissolution du royaume des Pays-Bas, au contre-coup de la révolution de Juillet, remplaça sur une partie de sa frontière du nord un État créé contre elle par un État qui lui dut son indépendance : la Belgique. La neutralité de ce royaume couvrit notre frontière du nord entre la mer et les Ardennes, comme la neutralité de la Suisse couvrait celle de l'est entre le Rhin et les Alpes. L'espace compris entre les Ardennes et le Rhin restait ouvert ; mais les brèches pratiquées dans cette partie de la frontière devinrent inutiles par la fortification de Paris, qui rendit toute leur efficacité à nos deux grands avant-postes de Metz et de Strasbourg. Enfin les luttes de la tribune relevée rendirent leur puissance d'expansion aux idées françaises et reculèrent nos frontières morales bien au-delà de nos frontières militaires. Les peuples, odieusement trompés en 1815, tournaient de nouveau leurs regards vers la France. Au contre-coup des révolutions de 1830 et de 1848 un frémissement de liberté courut à travers l'Europe, et les rois, loin de songer à renouer leurs anciennes coalitions, ne furent occupés qu'à sauver leurs trônes ébranlés.

XVI

Le coup d'État du 2 décembre. — Politique extérieure de Napoléon III : toutes ses guerres ont été stériles ou désastreuses pour
la France.

Telle était la situation extérieure de la France
après les journées de février. Le coup nocturne du
2 décembre réveilla les inquiétudes des peuples
et les défiances des rois. Dans l'aventurier qui venait
de saisir l'épée de la France les uns et les autres ne
virent que le spectre de l'empire.

La France aussi pressentait de nouvelles aventures. « L'empire, c'est la paix, » dit alors l'homme de
décembre. Mensonge ! l'empire ne pouvait être que
la guerre, diversion forcée par laquelle le despotisme
cherche à faire oublier la liberté. Son règne en four-
nit une nouvelle preuve. Dans l'espace de moins de
vingt ans, il fit quatre guerres, sans compter les expé-
ditions de Rome, de Chine et de Cochinchine. Et
comme si le crime originel devait attacher une sorte
de malédiction à toutes les entreprises du règne, pour
les rendre stériles ou désastreuses, la moins impoli-
tique de ces guerres, celle de Crimée, est devenue
inutile. La Russie a déjà déchiré le dernier lambeau
du traité de 1856, et il ne dépend plus que d'elle de
faire de nouveau de la mer Noire un lac russe et
de tenir Constantinople sous la gueule de ses canons.

La guerre de 1859, en affaiblissant l'Autriche sans délivrer entièrement l'Italie, n'a fait que le jeu de la Prusse, qui, achevant l'œuvre brusquement interrompue après Solferino, a préparé l'unité allemande en complétant l'unité italienne. C'est à ce prix que la France a recouvré la Savoie et le comté de Nice, conquêtes de la République, perdues en 1814!

De la guerre de Crimée il ne reste rien ; celle d'Italie a commencé la fortune de la Prusse. Que dire de celle du Mexique, « la grande pensée du règne » ? C'est la guerre d'Espagne du second empire. Tout s'y est englouti : finances, munitions, matériel, jusqu'à l'armée, à ce point que, lorsqu'éclata le coup de foudre de Sadowa, le gouvernement de Bonaparte en fut réduit à de platoniques « angoisses patriotiques ». Frédéric le Grand dit un jour : « Si j'étais roi de France, il ne se tirerait pas un coup de canon en Europe sans ma permission. » Un de ses successeurs a pu, Napoléon III régnant, bouleverser tout le système européen sous les yeux de la France consternée et immobile. On soupçonnait quelque machination profonde, tramée à Biarritz. Cette étrange inaction n'avait qu'une cause, l'impuissance d'agir. L'aventure mexicaine avait tout désorganisé, tout dévoré. Rien n'en sortit sauf, pas même l'honneur. Guerre véreuse dans son origine, elle se termina par une retraite humiliante, sous la menace des États-Unis. On avait profité des déchirements de la grande république pour exporter sur son continent, comme en contrebande, un empire interlope, destiné apparemment à tendre la main aux esclavagistes du Sud, pour la plus grande gloire des races latines. L'Union, à peine reconstituée, d'un geste fit évanouir cette contrefaçon du deux-décembre. Mais elle ne pardonna pas à la France la mauvaise pensée de son gouvernement, et aux jours de nos épreuves elle oublia que le sang français avait coulé pour son indépendance.

Aux premiers revers de 1870, la France fut frappée de stupeur : elle s'aperçut qu'elle n'avait ni armée, ni alliés. Elle ne soupçonnait pas l'abîme creusé pendant vingt ans, où devaient s'engloutir en quelques jours sa fortune et sa gloire. Mais il y avait en Europe un homme qui en avait mesuré d'un coup d'œil sûr toute la profondeur. Nul ne savait mieux à quel effectif les dilapidations d'un budget de plus de deux milliards avaient réduit nos forces. Nul n'était plus exactement informé des défiances, des haines sourdes qu'une politique d'aventures avait jetées dans nos relations extérieures. Nul enfin ne connaissait plus à fond l'homme de décembre, dont il avait toisé, sondé le néant dans les tête-à-tête de Biarritz. Complice apparent de certains desseins ténébreux, il en avait fait son instrument, son jouet. Puis, par un raffinement de mépris pour un tel adversaire, voulant la guerre qu'il avait longuement, savamment préparée, mais la voulant sans l'odieux de l'initiative, il l'amena, de piége en piége, à la déclarer lui-même, et sur la France désarmée et isolée précipita ses avalanches d'Allemands.

XVII

Le couronnement de l'empire : Perte de DEUX PROVINCES, de DOUZE PLACES FORTES, dont METZ et STRASBOURG, d'un territoire de QUATORZE MILLE TROIS CENTS KILOMÈTRES CARRÉS, et d'une population de UN MILLION SIX CENT MILLE FRANÇAIS.

La France ne reconnut pas comme son épée l'épée déshonorée du capitulard de Sedan. Elle continua la lutte. L'héroïsme de ses armées improvisées ne put sauver que l'honneur. Elle sortit encore une fois des mains du césarisme, meurtrie et mutilée. Les gloires du premier empire lui avaient coûté, outre les conquêtes de la République, cinq places fortes dont la perte rendait inefficace tout le système de défenses créé par Vauban, en permettant d'en tourner les principales lignes et en ouvrant les différentes routes qui de la frontière conduisent à Paris. Elle paya plus cher les hontes du second empire : DEUX PROVINCES, d'autant plus fortement attachées à la patrie qu'elles avaient davantage souffert pour elle en recevant le premier choc des invasions et en subissant les dernières humiliations des occupations étrangères ; DOUZE PLACES FORTES, et dans le nombre METZ et

Strasbourg, c'est-à-dire les boulevards mêmes de l'indépendance nationale ; la ligne du Rhin, une grande partie de celles des Vosges et de la Moselle, un territoire de quatorze mille trois cents kilomètres carrés, enfin un million six cent mille français arrachés a la France : voilà, — sans parler des milliards qu'on ose à peine compter à côté de tels sacrifices, — par quelles pertes elle a expié la lugubre aventure du second empire.

XVIII

Conclusion. — La légende napoléonienne.

En ces jours d'éternel deuil national la « légende napoléonienne » s'est faite histoire. Dans l'imagination populaire, fascinée par la grande mise en scène du drame militaire du premier empire, elle ne rappelait que Marengo, Austerlitz, Iéna. Les derniers événements lui ont donné sa véritable signification ; elle est tout entière dans quatre mots : Dix-huit Brumaire et Deux-Décembre, Waterloo et Sedan. C'est sous ces noms qu'elle restera désormais gravée, en traits ineffaçables, dans toute poitrine où bat un cœur français.

Paris. — Typographie Georges Chamerot, rue des Saints-Pères, 19.

www.ingramcontent.com/pod-product-compliance
Lightning Source LLC
Chambersburg PA
CBHW061124050726
47594CB00005B/2085